어우렁그네

임경자 시집

■ 시인의 말

홀로 걷는
오솔길은 외로워서 좋다

풍경을 보며
마음의 길을 걷게 된다

이슬 머금은
풀들이 발등에 얹힌다

−2025년 봄
임경자

차례

■ 시인의 말　　　　　　　　3

1부

여백미餘白美	10
섬	11
자작나무	12
위리안치圍籬安置	14
풀밭에서	16
잣나무와 다래 덩굴	17
공중생활	18
건지사거리	20
비파	22
벚나무와 시	23
신현동 544번지	24
현	26
덩굴장미	28
추억	30
낡은 자전거	32

2부

간극 間隙　　　　　　　　　　34
백색불안　　　　　　　　　　36
대화　　　　　　　　　　　　37
제발 붙잡지 마세요　　　　　38
소녀상　　　　　　　　　　　40
외상 후 스트레스　　　　　　42
단초　　　　　　　　　　　　44
어처구니　　　　　　　　　　46
동궁 冬宮　　　　　　　　　　48
트램펄린　　　　　　　　　　50
다시 온 봄　　　　　　　　　52
바다로 난 길　　　　　　　　54
우화　　　　　　　　　　　　56

3부

지게가 있는 풍경	58
안개를 지고 간 아버지	59
혼자가 되다	60
입을 낳는 여자	61
고무신	62
상흔	64
폭서	65
고독—아무도 죽은 물고기를 기억하지 않는다	66
애도의 방식	68
바다멍	70
배웅	72
망부석	73
결핍	74

4부

蓮花圖―관곡지	76
7번 국도	77
어우렁그네	78
말	80
시부詩賦	82
무無를 쓰다	84
경계	86
아코르	88
망막고유광	90
큐아르코드	92
먼지	93
대학로	94
내일 또 내일	96
불편한 동거	98
율도	100

■ 해설 _ 고광식
'정동情動'을 박제하는 시간　　　　102

1부

여백미 餘白美

연무가 내려와 지상을 덧칠한다
갑자기 생겨난 나만의 여백

드넓은 여백 속으로 상상을 펼친다

제약회사를 짓는다
이곳에선 웃음을 생산한다

섬

바다를 가른 둑길로 차들이 화살처럼 달린다
화살은 선재도를 지나 영흥도에 정중한다

하루에 두 번 길을 낸다는 모세의 길
육지였다가 섬이었다가
둘이었다가 하나였다가
수천 년 반복한다

나는 바위에 박힌 무늬를 읽다가
갯비린내가 풍기는 바닷가에 서서
바지락 캐는 진흙투성이 여자들을 본다
밀물이 분초를 다투며 스멀스멀 밀려오는데
경운기가 갯벌을 탕탕 찍으며 달려와
어패류를 싣고 뭍으로 향한다
밀물은 그들이 남긴 발자국을 지운다

아, 저렇게 미련 없이 재설정할 수 있으면 얼마나 좋을까
수평선에 닿아 있는 노을이 서럽게 나를 감싼다

늙음에는 기적이 없다

자작나무

왜 우리는 자작나무를 좋아할까
자작나무숲에 자코메티의 '걷는 사람'이 서 있는 것 같다
은백색 옷을 걸치고 빼곡하게 줄 서 있는 나무들
큰 나무 사이로 작은 나무가 어깨를 낮추며 비껴 있지
자작나무 숲 속으로 깊이 들어갔어
나에게 사색을 주려고 했지
사색은 안목을 높여 주니까

그런데 그건 착각이었어
나무숲에서 자작자작 소리가 들렸지
나에 대해 수군거리는 것 같았어
사색이라니 이곳은 생각을 지우는 곳인데

너, 어디 있니
목소리가 들려왔어

하늘을 올려다봤어
쭉 뻗은 중위重圍 여러 겹으로 둘러싼
숲 이전의 생각과 숲 이후에 생각이 분리 됐어
생각마저 사라지고
여백으로 가득 찼어

순간,
눈을 감아 버렸지
서쪽이 난만했어

위리안치 圍籬安置*

손에 쥐었던 것을 내려놓고
세한도*를 바라보고 있다

소나무가 외딴집 양쪽에 서 있다

솔바람 소리로 인기척 삼아,
사시사철이 시간의 감옥에 숨을 불어넣는다

무명을 입고 앉아 먹을 가는 작은 거인을 본다
그는 둥근 창으로 무엇을 내다보았을까

목숨둥우리*를 중심축으로 돌던 날들에
면면이 숙이지 못하는 일에 익숙해질 무렵
가슴에 묻힌 바위를 어르는 파도 소리로
달구어진 속을 그려낸 건 아닐까

세한도를 품고 되돌아선다

섬이 고립을 강요해도
그는 고립을 뛰어넘어 불멸이 되었다

아직도 그림 속에 살아있는 고도孤島

거인도, 소나무도, 집도 되지 못한 내가
그림 속 그림자 안에 갇힌다

*유배된 죄인이 거처하는 집 둘레에 가시로 울타리를 치고 그 안에 가두어 둠.
*고정희『저 무덤 위에 푸른 잔디』에서 차용.

풀밭에서

산중턱 풀밭에 그림이 그려진다
할머니와 손자가 같은 곳을 내려다보고 있는 목초지에
축구장 절반 크기의 그림
저절로 감탄사가 나오고 노래까지 흥얼거리게 된다
옆에 있던 외국인은 톰 존스의 노래를 부르고
나는 '동무 생각'을 부른다

어깨를 들썩이며 마음의 길을 걷고 있다
말과 사물이 시가 되어 가슴에 스민다
너비가 좁은 것은 풀어 버리고
생각이 짧은 것은 풀어헤쳐 버리고
광활한 이미지가 뛰어놀게 한다

이육사의 '광야'가 문득 떠 오른다
전설의 백마가 풀향 가득한 초원을 달려온다

나의 시를 읽는 사람의 몸과 마음 속에
식물성이 가득 찬다

잣나무와 다래덩굴

나는 곧게 자라는 키 큰 나무

다래가 기둥을 타고 올라왔다
겨드랑이로 스멀스멀 기어오르는 것이었다

말 못하는데 말릴 수 없어 몸을 떨어 보았다
그럴수록 다래는 등이며 가지를 잡고 늘어졌다
함께 살기로 하고 내버려 두었다

다래의 언어는 둥글넓적해서 햇빛에 빛났다
나의 언어가 풍부해졌다

가을이 되자
다래는 가지마다 대롱대롱 열매를 매달았다
귀걸이 같기도 하고 추리 같아서
달콤한 상상에 젖었다

캄캄한 밤, 태풍이 불어와 나무숲을 마구 흔들었다
다래는 가지들을 꽉 잡고 있고
나는 매달린 열매들에게 방풍이 되었다

공중생활

고요가 빚어낸 암벽 위에 마을 하나가 있다

해발 2,160m 남봉, 사람들이 올라간다
짐꾼 남편(얀쯔엔)은 70kg을 장대 양끝에 매달고 올라가고
아내는 대바구니에 생활필수품을 담아지고 올라간다

계단에 붙어 떨어지지 않는 발을 한발 한발 뗀다
하늘로 곧장 올라가는 사다리 계단
곡예를 하듯 아슬아슬하다
뒤를 돌아보면 안 된다
헛디딘 몸이 바윗돌처럼
굴러 떨어지는 영상이 펼쳐진다
멈추면 짐을 버릴 수도 없는데
바람이 불어와 짐을 떼어 가려하거나
비가 오면 돌이 떨어지기도 한다

짐에 눌린 발이 낡은 신발 속에서 떨린다
뚜벅이 걸음으로 위로만 오르는 길
위로는 없다
남편이 계단에 멈춰 서서 아내를 내려다본다
아내의 불안한 눈빛이 남편을 향해

'갈 수 없어도 가야죠' 당부를 한다

불안을 눕혀 만든 길을 가는 사람들
오천 번 넘게 오른 벼랑의 칼날 같은 길에
사방이 난간難艱인 발자국을 남긴다

새도 날지 않는 천인절벽에선 고도가 일상이다

건지사거리

솟구치는 고층 아파트 숲은
건지사거리의 음나무를 작아지게 했다

오가는 차들이 뿜어대는 소리와 먼지
노점상인들 호객소리 사람들 발소리에
흔들리는 나무는
텃새도 날아들지 못하게 했다

사람들이 사연을 쓴 패를 세워 놓고
울타리를 만들어 주고 링거를 꽂아 주었다
나무는 다시 풍경이 되어 잎을 펼쳤다

수형이 좋아 사람들의 눈 맞춤이 늘어났다

어느 날
큰 몸이 꺾여 고사하고 말았다
푸르게 예견된 날들이 검게 타버렸다
늙은 토박이 몇이 와서 울었다

관리소장은 기둥 아래 능소화를 심었다
천년 산다는 거목에 기대 올라간 능소화가

나무기둥을 둥그렇게 감싸며 꽃을 달았다
여름이 깊어지면서 정열적인 꽃나팔을 불었다

죽어서도 사는 나무
꽃의 애도가 사람의 애도보다
훨씬 더 생생했다

비파

그가 건네준 나무가 베란다에 서 있다

물과 함께
젖은 시선을 매일 줬다

천장으로 치닫는 나뭇가지 끝
새순 보이며 눈길 끌어올리는데,

까마귀가 하늘 귀퉁이를
흔들다 간 자리
통증처럼 먹구름이 끼어 있다

그리움에도 꽃을 피우고
열매 맺게 하는 일
그것마저 허락되지 않는 걸까

쓸쓸하게 기일을 길게 보낸다

당신의 대답처럼 첫눈이 온다

벚나무와 시

출판사를 나와 공덕역에서 벚나무를 봅니다
왼쪽 가슴에 옹이를 품고 서 있습니다

나무의 발등을 밟고 지났을 수억 걸음을 따라
나무의 시간 속으로 들어갑니다
벚나무에게 물어봅니다
한 백 년쯤 그렇게 서 있으면 상처를 잊을 수 있나?
환상통 같은 것도 상실이 되나?
그래서 힘살 올려 굳은살이 되었나?

세 아이를 두고 야산에 묻힌 어머니
수십 년 만에 선산에 모셨습니다
아버지와 나란히 누워 새 흙을 덮습니다

아버지 떠나고 나뭇잎처럼 굴러다니던 날들
보이지 않는 통증을 안고 살던 날들
이젠 누그러들었을까요?

무덤 옆에 벚나무를 심었습니다
봄마다 환하게 웃었습니다

신현동 544번지

막다른 골목에 사십 년째 살고 있다

고양이와 쓰레기와 어둠과 바람이 몰려다니는 골목
오토바이 지나간 뒤 개 짖는 소리까지 한몫하고
돌 틈 씀바귀, 여윈 얼굴이 고개를 든다

사람보다 정착에 능통한 것들
식솔들 제각각 떠나고 혼자 남으니
슬하에 적막을 두고 함께 산다

골목길을 넘나드는 봄 여름 가을
다시 하얗게 눈 덮인 겨울까지
나는 계절의 발자국을 찍곤 했는데,

위胃 절제 수술 후
뱃속에서 꼬인 장이 벌떡거려
돌아오지 못할 것 같은 집으로 남았다

544번지엔 이제 폐허를 입주시켜야 할까
적막에게조차 돌아가지 못할까 걱정인데,

소인 없이도 하늘의 소식은 잘도 내려온다
마당가 감나무에 하나 남은 홍시가
나를 처연하게 바라보더니 툭 떨어진다

현

고양이가 이층 계단에 있는 화분에 똥을 누고는
언제 그랬냐는 듯 흙으로 덮어 놓고 갔다
계단 청소 다음날에도 흙덩이가 널려 있다
뒷발질을 세게 한 모양인지
계단 아래까지 흔적을 남겼다
매일 빗자루를 든다
얼굴 없는 고양이가 나의 쓸모를 보여준다

무릎 인공관절 수술 후
도수치료사가 나를 엎드려 놓고
다리를 꺾는다
나는 현의 높은음을 끝까지 내지르고
낮은음으로 숨을 뱉는다

"조금 만 더 참으세요."

다시 무릎에 힘을 넣는 치료사
두 무릎의 신경선에 달린
세포들이 툭 툭 끊어지는 것 같다
뼈정다리의 완성이다

이제 무릎 꿇을 일은 없겠다 싶은데
집에 돌아와 또다시
빗자루를 들고 흙덩이를 쓴다
검은 봉지에 흙을 담아 화분을 덮는다

늘 뼈의 교정은 쉽지만
마음의 교정은 어려운 일이다
허리를 굽혀야 할 일이 계속된다

덩굴장미

나는 구도자의 길을 가는 중인데
아파트 펜스에 장미꽃이 폈다
울고 싶을 만큼 붉다

벽에 기대 낮과 밤 속을 기어가더니
내가 내는 기침소리에도 너는 만개했다

한 번도 울지 못하고 견뎠다

장미를 바라보며 24살의 나를 소환했다
24살이 살았던 세상에는 어김없이
계절이 오고
바람이 불고
태양빛이 쏟아지고
나의 생각들도 만개했다

불러주던 노래가 없어도
귓가에 맴도는 목소리가 없어도
새들의 노래로 가득 찼다

장미가 품고 있는 천연색의 의지들

찬란하게
휘황찬란하게
향이 깊어졌다

추억

 초가집이 옹기종기 모여있는 마을이 있었다. 윗동네와 아랫동네에 우물이 있어 그 우물에서 물을 길어다 먹었다. 소가 있는 집에서 여물 끓이는 냄새가 나면 갑자기 쌀밥이 먹고 싶어졌다. 보리를 찧어다가 꽁보리밥을 해 먹어 뒤돌아서면 배가 고팠다. 가마니를 한 죽을 짜다 장날에 팔아 생활비로 썼지만 항상 모자랐다. 전기도 수도도 들어오지 않는 오지 마을이었다. 흰옷밖에 없는 사람들은 흰옷을 입고 논바닥에 엎드려 김을 맸다. 융단을 깔아 놓은 듯 푸른 벌판이 황금벌판으로 변해갔다. 학교에서 돌아오면 논에 새를 쫓으러 가서 해가 질 때까지 목이 쉬도록 소리를 질러댔다. 잘 여물어 가는 들판은 바라보기만 해도 배가 불렀다.

 반백의 초등학교 동창들이 고향에 왔다
 호박 넝쿨이 드리워진 담장 안을 들여다보는데
 토방에 늘어져 자던 고양이가 고개를 쳐든다
 볏짚을 쌓았던 헛간에 승용차가 서 있고
 마당에 서 있던 오동나무는 그루터기만 남아 있다
 처마가 낮은 고요한 동네를 한 바퀴 휘돌아
 벽에 그림을 그리며 놀았던 골목에 들어섰다

먼지를 켜켜이 입은 담벼락엔
날개 잃은 나비와 시들지 못한 나리꽃
꼬리에 꼬리를 문 잠자리
눈만 큰 개구리가 펄쩍 뛴다
서로 내가 그렸다고 떠든다

수천만 번 다녀갔을 햇빛과 달빛을
골목은 기억하는 것일까
해바라기는 잠 못 잔 얼굴로
골목 끝에 서 있다

"여주를 좇아 하대요!"
낙서를 읽으며 와 웃는다

갑자기 골목이 시끄러워진다
지붕이 낮은 마을을 거인처럼 걸어 나온다

낡은 자전거

대문 앞에 자전거가 박제되어 있다

녹슬어 가는 다리를 벽에 기대고 서서
노숙하고 있는 자전거
목장갑이 담긴 바구니가 핸들에 얹혀 비에 젖는다
고장나기 전 무슨 일을 하다 멈췄을까

노인이 길 잃고 막다른 길에 서 있는 것은 아닌지
지난날의 후일담을 즐기느라 지금을 잊은 건지

문을 나설 때마다 버림받은 자전거를 바라본다
바퀴에 바람이 남아 있으니 방치가 아니다
언젠가 찾아오겠지 했는데 벌써 한 해가 지났다

계절이 얼굴을 바꾸며 비껴간다
바람이 흔들어도 꿈쩍 않는 자전거
담벼락에 처음처럼 서 있다

제발 생을 마친 것은 아니기를…
핸들의 방향을 돌려놓고 가만히 비닐 포장을 덮어 준다

2부

간극間隙

암 선고를 받은 언니가
자기 방에 들어가더니 나오지 않는다

간극을 예감한다
간극 앞에 서성인다
걱정을 내보낸다
걱정이 간극 속을 헤엄쳐 다닌다

내가 보낸 걱정을
붙잡으려고 하지 않는 언니
상처로 남을까 봐
웅크리고 앉아 있는데
신경 쓰지 말라는 문자가 온다

밤에 신경이 곤두선다
간극의 뿌리가 깊어진다
뿌리를 뽑을 수 없을 것 같아 엉엉 운다

간극의 끝은 어디일까
침묵 속에서 뿌리가 자란다
넓게 자라고 깊게 자란다

무한궤도를 달리는 감정의 반복이다

백색불안

손등에 세계지도가 문신되어 있다

수영장이나 대중탕에 못 가는 그녀
손등을 닦달하며 봄여름가을을 건넌다

찬 바람이 불자 장갑을 낀다
얼굴을 든다
구두 소리가 명랑하다

운동회날 줄다리기하다
손등을 봤던 동창이 결혼하자고 했을 때
ㅡ벌레가 기어 나오면 어떻게 할래
ㅡ이 손으로 밥 해 줘도 먹겠어
얼음이 된 언어로 모질게 거절했다

불안이 그녀와 함께 60년을 살았다
백색 불안은 죽음이 다가올 때까지 끝나지 않을 거다

펑펑 눈이 온다
백색이 백색을 감춘다
펑펑 그녀가 운다

대화

사고 후,
나는 한 달 동안 침대에서 일어나지 못했다
말도 생각도 하지 못했다
죄인처럼 아내가 곁에 있었다
출산한 지 일 년도 채 되지 않은 몸으로
병실을 지키던 아내가 무의식 속으로 눈물을 뚝뚝 떨어뜨렸다
그것은 노크였다
내가 눈을 떴다

목에 뚫린 호수로 말하는 나를 아내가 바라본다
내 몸에 줄줄이 매달려 있는 링거병들
처음 보는 영화 속 같은 어리둥절한 장면들
중환자실은 죽음 직전의 실험실이었다

아내가 휴대폰 속에 있는 아이 얼굴을 보여 준다
밤새 내리던 비가 멎는다

제발 붙잡지 마세요

S#1. pm 3시/ 버스 정류장

 짧은 치마에 갈색 카디건을 걸친 30대쯤 되어 보이는 그녀가 버스에 뛰어오른다. 기사가 맨발인 그녀를 바라보더니 그냥 앉으라는 눈짓을 한다. 그녀가 여기저기 꿰맨 상처들로 통통 부은 다리를 절뚝이며 내 앞 좌석에 앉는다. 그녀는 불안한 눈빛으로 사방을 둘러본다. 문이 더디 닫히고 느릿느릿 걸리는 시동 소리에 내 가슴은 뛴다. 창밖으로 술집들이 늘어서 있는 건물들을 뒤로하며 누군가 뒤쫓아올 것만 같은 그림자를 밀어내며 버스가 달리기 시작한다.

S#2. pm 3시 20분/ 시장 버스 정류장

 정류장에 사람들이 내리고 타기를 반복한다. 다른 얼굴을 하고 있는 건물들이 지나간다. 아파트 앞길, 아는 길인데 모두 낯설다. 다음은 '시장 정류장'이라는 방송 멘트가 나온다. 내려야 하는데 마음이 복잡하다.

 −나랑 같이 내릴래요?

 귓엣말을 그녀에게 건네자, 고개를 끄덕이며 따라 내린다.

 −서울 가려면 어떻게 가나요?

 −길 건너에서 0번 버스 타고 00역에 내려 서울행 전철

타면 돼요. 그런데 그 몸으로 어떻게 가시겠어요. 여기 시장이니 신발 사줄게 신고 가요.

  나는 그녀를 부축해서 시장 안으로 들어가 커다란 신발과 긴 치마를 입혀준다.

  손과 손을 잡았을 때 차비를 건네준다.

  S#3. pm 10시/ 침대

  도통 잠이 오지 않는다. 불면은 힘이 세서 나에게 계속 같은 장면을 내민다. TV를 켰으나 그녀와 관계없는 뉴스들이 쏟아진다. 그녀는 무궁화호를 무사히 타고 갔을까? 바지락 캐는 노모는 허리를 펴고 먼 산을 바라보겠지. 아니면 자리 펴고 누워 있는 것은 아닌지도 모르지. 노모는 살아 있기나 할까? 그녀의 삶과 같은 폭풍우가 예상된다는 일기예보가 나온다. 모자를 사 주어야 했어.

  그녀를 만난 순간부터 집에 돌아올 때까지 감시카메라가 따라왔으면 어쩌지?

  ……………………………
  end

소녀상

우리는 트럭에 실려 해변에 부려졌다

나란히 세워 놓고 발목에 흙을 덮었다

허공에 기댄 우리를 발로 밟으며 똑바로 서 있으라고 했다

날마다 바다에서 포악한 바람이 불어왔다

온몸을 더듬고 쓰러트리려고 하면 뿌리에 힘을 주었다

숨을 쉴 수가 없었다

부딪쳐 터진 잎과 가지, 서로 꼬인 몸으로 바람을 탄주하는 갈대가 부러웠다

혼자였다면 그만 고사하고 싶었다

우리라는 이름으로 스크럼을 짰다

온몸이 바람 그물이 되어 바람을 걸러냈다

바람이 멱살을 놓았다

태양과 달과 새들이 찾아와 식솔이 되었다

외상 후 스트레스

야근하고 늦게 퇴근하는 길이었다
집 앞에 엄마가 서 있어 주면 좋겠다고 생각하며
계단으로 된 골목길을 오르고 있는데
들릴락 말락 하던 발자국 소리가 가까이 다가왔다
숨을 죽이며 뛰어야겠다고 생각하는 순간
그녀의 목에 팔을 걸어왔다
윗옷 단추가 떨어져 나가고
뱀들이 몸을 옥죄이며 기어 다녔다
소리를 지르려고 했으나 소리가 나오지 않았다
죽을지 모른다는 생각에 몸이 굳어갔다

그 사건 이후
방안에 뱀이 기어다니는 꿈을 꿨다
좁아지는 통로와 복도와 골목이 없는 집을 찾아 이사를 했다
그녀는 자신의 그림자가 여러 개 있는 걸
눈치채지 않게 밝게 밝게 걸어 다녔지만
그림자를 여러 개 가진 사람들은 그녀를 읽어 냈다
읽어도 알은체하지 않았다

골목길을 걸어가면 발자국 소리가 났다

두려워 뒤돌아보면 바람과 나뭇잎과 고양이었다
열일곱 소녀가 그렇게 일흔이 되었다

단초

그녀는 남편과 이혼하고 혼자가 된 엄마와 함께 살고 있다

  친구를 만나고 돌아온 후 엄마가 갑자기 스스로를 방에 가둔다 이젠 저녁상을 차려놓고 기다리는 엄마는 없다 그녀가 지친 몸을 이끌고 퇴근했을 때 위로해 주는 엄마는 더더욱 없다 딸이 엄마 방문을 두드린다 기척이 없다 밥상을 문 앞에 놓고 돌아선다 그녀가 엄마가 다니는 정신과 병원 상담실의 문을 두드린다 의사는 그녀의 말을 듣고 있다가 한마디 한다

그렇게 희생하면 엄마가 고마워할까요? 전혀 아닙니다.

그녀가 큰 울음을 터트린다

의사가 역발상逆發想을 제안한다

*엄마와 이별하세요, 엄마가 스스로 살아갈 수 있게
그 대신 가끔 들여다보세요.*

상담실 문을 나오며 그녀가 눈물을 쓱 닦는다

어떤 이별은 진짜 사랑해서 이루어진다

어처구니

 나는 나무가 되었어요 나무가 되어서 말을 못 하는지, 말을 못 해서 나무가 되었는지 모르겠어요 그냥 나무로 서 있는 것이 익숙해져요 말을 하지 않는다고 샌드백을 치듯 그가 내 아랫도리에 발길질을 해요 자신이 회사에 갔다 와서 쏟아 놓는 말을 못 알아듣는다고 나무 취급을 해요 나는 어처구니가 없어 나무처럼 침묵할 뿐이죠 어느새 나는 멍든 나무가 되었어요

 '가지를 다 부러트리겠구나
 무저갱 속으로 빨려 들어가겠구나
 아궁이에 던져지겠구나'

 바람 앞에 내몰린 몸이 마구 떨려요 거구의 몸이 내 그림자 위에 널브러져 씩씩거려요 그 위에 나뭇잎을 후드득 떨어트리듯 한숨을 떨궈요 어떤 날엔 두 팔을 벌려 허리를 안고 사랑한다고, 나를 위해 나무를 깎아 만들었다고 어처구니를 내밀어요

 ─맷돌이 없는데 어처구니가 필요하겠어
  나만 들을 수 있게 복화술을 해요
  어처구니없지만 나무의 화법을 배웠어요

나무로 서서 나무의 의미가 되었어요

동궁冬宮*

유럽 여행 중 러시아에 머물고 있어

황금 건물이 네바 강물에 얼비치고
박물관 수천 개의 유리문이 굳게 닫혔어
궁전 안으로 들어갔어
감탄사가 절로 나왔어
웅장했어
위에서 보면 내가 얼마나 작아 보일까

황금을 입은 조각상이 앉아 있는 아래로
이방인이 아닌 척 걸어갔어
붉은 융단이 깔린 계단을
왕비처럼 우아하게 사뿐사뿐

한 무리의 무리가 찾아와 나를 스파이라고 지목하며 끌고 갔어
 백야 속 설원
 온통 하얀색인데
 내 붉은 피가 뿌려졌어
 화들짝 놀라 꿈에서 깼어
 눈물이 주르룩 흘렀어

화려한 것이 잠시로만 느껴졌어

새벽 창밖엔 내내 폭설이 내리고 있었어

*러시아의 상트페테르부르크에 있는 궁전.

트램펄린

매스컴에 뜬 '10억 당첨' 정보에 시선이 꽂힌다
리플리 증후군*에 걸리고 직장을 그만둔다
트램펄린 위에서 뛰기 시작한다
오르고 내림을 반복하더니 공중회전 한다

내려온다
더 내려온다
바닥으로 떨어지고 쭉 멈춘다

시선이 화면에 고정되고 매트 밖으로 나올 수 없다
날로 씹던 생라면도 떨어지고 생이 껌벅거린다
매트 위에 드러누워 하늘을 바라본다
눈물이 귓속으로 들어간다
이 시간 가장 보고 싶은 사람은 어머니
때마다 아들 밥을 지어놓고 식은 밥만 드시는 어머니
쌀밥이 목숨이라고 신앙처럼 믿는 어머니
아들 자랑 아니면 할 얘기 없는 내 어머니
마지막을 생각하며 휴대폰을 켠다

왜 이리 힘이 없는 겨, 밥은 꼭 챙겨 묵그라 잉
잘 챙겨 먹고 있어요, 추석에 내려갈게요

휴대폰이 저절로 꺼진다
또 거짓말을 하고 있는 자신을 내려본다
시간이 흐르고 어둠이 두어 번 다녀간다
죽음이 두더지처럼 들끓는다

누군가 그의 휴대폰을 찾아내고 최근에 걸려온 수백 통의 전화번호를 누른다
수화기 너머에서 쿵! 하는 소리가 난다

토요일 밤 8시 35분, 복권 추첨은 아무렇지 않게 계속된다

*과도한 신분 상승 욕구 때문에 타인에게 거짓말을 일삼다. 결국은 자신마저 속이고 환상 속에서 살게 되는 유형의 인격 장애.

다시 온 봄

태풍이 일 년 지은 농사를 논바닥에 눕혀 놓았다
온종일 물속에 들어가 진흙 묻은 벼를 씻어 세우다가
논둑에 털썩 주저앉았던 그가 벌떡 일어났다
헛간에 장화를 벗어던지고 집을 나섰다
그의 농촌 일기가 멈췄다

그가 떠나고 두 계절이 다녀갔다
그의 발목을 잡던 둑길은 마른풀을 덮고 길게 누워 있고
바람은 언 강 옆에서 울고 있는 아내의 치맛자락을 잡아 흔들었다
아빠 언제 와, 보채는 아이에게
우리가 기다리고 있으니 꼭 돌아올 거야
그 말만 반복했다

봄만 다시 돌아와
죽은 듯 묻어있던 생을 깨운다

경운기는 헛간에 누워 녹슬어 가고 있는데
그를 따라갔던 새들이 돌아왔다
냇가에는 강물이 넘실거린다
토끼풀 꽃들도 둑 너머로 하얗게 흔들리며

고요로 덮인 밤낮을 보내며 꽃 피우는데
잠 오지 않는 밤은 길기만 하다

깊은 밤 둑길에서 경운기 소리가 들린다

바다로 난 길

서울의료원 정신건강의학과 병동
링거줄에 매달려온 바다가
그녀의 마른 몸을 침대에 눕힌다
그녀는 밤낮으로 벼랑에 떨어지는 흉몽에 시달린다
식사대용 수액이 그녀를 겨우 붙잡는다

남해바다 앞
너희들은 집으로 돌아오는 길을 알고 있었다
너희들은 반드시 돌아와야만 했다

순식간에 사나운 물살이 아이들을 덮치고 절규와 숨을 삼켜 버려
절명 앞에서 그녀는 어쩌지 못했다

천일 만에 거대한 배가 뭍에 끌려 나왔다
아이들의 흔적은 보이지 않고
그녀는 분노했다

그녀 안에서 울부짖는 파도소리
날마다 발목이 모래톱에 묻혔다
끝내 정신을 잃고 침몰했다

그녀는 바다로 난 길을 걷고 또 걸었다

우화

매미가 방충망에 붙어 거실에 울음을 쏟아 놓는다
매앵매앵 울부짖어 낮잠을 깨워 놓고도
그칠 줄 모른다
안에 갇힌 내가 매미를 처연하게 바라본다

방금 당신 꿈을 꾸고 있었다
목 놓아 울고 있었는데
매미가 크게 울다 멈췄다

매미가 칠 년을 땅속에 살다
밖으로 나와 날개를 펴고
겨우 백일을 울다 죽는 것처럼
당신과 나와 사랑은 짧았다

어둠 같은 가난 속에선
다른 세상을 꿈꾸며 서로 위안이 되어 주었는데
위안이 평범이 되자 당신은 삶의 의미가 달라지고
늘 다니던 길을 잃어버렸다

나는 울고 또 울었다

3부

지게가 있는 풍경

냇가 돌판에 빨래를 비벼 빨고 나자
바위에 식구들이 엎드려 몸을 말리고 있는 것 같았다

아버지가 나뭇짐을 지고 둑길을 걸어온다
내 키보다 높은 나뭇단

개구리들이 폴짝 뛰고
나비가 나풀거리며 길을 비낀다

거인처럼 터벅터벅 걸어오는 아버지

나뭇단 위에 빨래 광주리를 얹는다
난 무거운 지게를 붙잡고 따라간다

딸 많은 집에 태어났어도
아버지 앞에선 매번 주인공이었다

안개를 지고 간 아버지

안개를 지고 대숲 길로 걸어간 아버지
허공을 떠돌던 낮달이
뭉게구름 속으로 사라지듯
기척을 감췄다

나는 못갖춘마디처럼 자랐다
아버지는 끝내 돌아오지 않고
내 사춘기는 더디 갔다

충분히 미워하기에
50년은 짧았다

병든 아버지는 땅거미처럼 몰래
처마 아래로 스며들었다

안개가 다 걷히고
사위 집에 얹혀살아야 하는 초라한 몰골만 남았다

안개 낀 날마다 아버지를 증오했던 걸
차마 말하지 않았다

혼자가 되다

기차가 사람들을 내려놓고 역을 빠져나가고
해거름이 철길을 비추고 있다

할머니와 열다섯 살 아이가 플랫폼에 오도카니 앉아 있다
아버지가 홈으로 들어오고 인사말을 건넨다
십 년 만의 재회가 낯설어서 아이는 고개를 숙인다

아버지 옆에 새엄마가 있다
새것이 다 좋은 것만은 아니라서
할머니는 눈물을 참는다
아버지가 새아빠가 아니라서 다행이라고 아이는 생각한다

'새엄마를 엄마라고 부르지 뭐,
중학교에 보내 준다 잖아.
죽은 엄마가 어떻게 학교에 보내 주겠어.'

아이는 일찌감치 참고 사는 법을 배운다
어른이 되는 속도를 낸다

입을 낳는 여자

6명의 자녀를 낳고, 마흔이 넘은 어머니가 또 아기를 가졌다

자식들 입에 풀칠하기도 어려운 형편에 어쩌면 좋으냐고
사람들은 자기 일처럼 걱정했다
나무뿌리를 캐다가 갈아 마셨다
잘 먹지 못한 빈속에 뿌리를 내렸는지
엄마는 가슴을 움켜쥐고 방바닥을 구르며 몸부림쳤다

나는 어머니가 죽을 것 같아 문밖에서 동동거렸다
어머니가 왜 아픈지 식구들은 아무도 눈치채지 못했다
겨우 정신을 차린 어머니가 실눈을 떴을 때
먹여 살려야 할 입들이 둥그렇게 앉아 있었다

아는지 모르는지 들판에서는 보리싹이 영롱한 이슬을 훔치고 있었다

고무신

외조부가 설 명절에 새 고무신을 사 왔다
겨울에는 딱딱해졌으나 사계절 신고 다녔다

윗마을 방앗간에 찧을 보리가 많아서
순서대로 찧은 보릿자루를 이고 밖으로 나왔다
방금 찧은 보리가 뜨거워 정신이 없었다
기계 소리에 귀는 먹먹했고
밝은 곳에서 나오니 밖은 더 캄캄했다

외가로 가는 길은 긴 수로로 이어져 있었다
수리조합에서 보내주는 물이 논으로 들어가거나
비가 많이 오면 논물을 빼기도 해서 길은 항상 젖어 있었다

자루를 이고 걷자니 닳아진 고무신이 너무 미끄러웠다
물꼬를 넓게 만들어 놓은 곳은 펄쩍 뛰어넘어야 했다
외가 마을은 전기도 수도도 들어오지 않았다
칠흑 같은 어둠 속에서 도깨비가 튀어나올 것 같았다
그렇게 듣기 좋았던 솔바람 소리도 귀곡성으로 들리고
 멀리 봉분 같은 초가 사이로 죽은 사람이 걸어 나오는 것
같았다
 엄지발가락에 힘을 주며 어둠을 밟으면서 걸어갔다

개들도 다 자는지 괴괴한 한밤중을 걷는데
개구리 울음소리가 치맛단을 잡고 따라왔다

그날 이후 마을 사람들은 나를 보면서 보릿자루 이야기를 했지만
나는 물 고인 고무신이 먼저 떠 올랐다

상흔

 어머니 인생이 베틀 위에서 지나갔다. 동생을 업고 새우는 밤에 나는 모로 누워 잤다. 아버지가 노름판에 남은 텃밭마저 들고 나갔다. 아버지를 기다리던 어머니는 잡았던 북을 냅다 던졌다. 북은 꼬리줄에 끌려 날줄 사이로 돌아왔다. 줄을 끊어 버리고 싶었으나, 자식들 얼굴이 떠올랐다. 한숨지으며 베틀에 앉아 무명의 질긴 줄을 끝없이 밀어 넣어야 했다.

 어느 날 어머니가 (너는 동생 보고 있거라) 무언을 던지며 집을 나섰다. 우물 쪽으로 가고 있는 어머니 그림자를 밟으며 먼발치에서 따라갔다. 그때 우물 뒤편에서 어머니의 통곡 소리가 났다. 그 울음은 어린 내 가슴을 덜컥 내려앉게 하였다. 업은 동생을 추켜 올리고 손톱을 뜯으며 눈물을 참고 있었다. 어머니가 긴 숨을 내뱉고, 앞치마로 얼굴을 훔치며 일어설 때까지 기다렸다. 어머니와 나는 밭둑길을 땅만 보며 걸었다.

 어른이 된 동생을 바라보면 먼 밤에서 덜거덕거리는 베틀 소리가 난다. 어린 내가 떨리는 손으로 어머니 치맛자락을 잡는다.

폭서

중년의 딸이 어머니의 무덤에 엎드려
생전에 하지 못한 말을 쏟아놓는다

엄마, 사랑한다는 말 한번 제대로 못했어…

태양은 나무 위에 떠 있다
그늘이 딸의 긴 머리를
가만가만히 쓸어내려준다

눈물과 땀에 젖은 그늘
오늘은 그늘도 다정하다

고독
— *아무도 죽은 물고기를 기억하지 않는다*

 나는 췌장암 말기 환자다 의사들이 해 볼 수 있는 치료는 다 했다고 한다 내가 장루 주머니를 차다니, 오늘은 나 언제 죽느냐고 물었다 암이 몸의 살과 뼈를 깊숙이 갉아 먹는 중이라 진통제만으로 더는 견딜 수 없다고 한다

 바스락 소리만 들려도 온몸이 떨리는데 병상일지에 골룸 같은 얼굴을 그린다 아내나 형제들에게 이런 모습 보이기 싫은데 미국에 있는 아들이 보고 싶다 결혼식도 못 보고 가야 하다니…

 잠 못 자는 밤이 계속된다 침대에 누웠으나 거기에 내가 없다
  어둠이 내 안으로 들어왔는지
  내가 어둠 속으로 들어갔는지

  죽는 순간 내 마음은 어디로 갈까
  혼자 가야 하는 낯선 길 바라보며 한숨짓는데
  아내가 6개월 울고도 또 운다

  이 절벽 앞에 누구도 초연할 순 없겠지
  내 손길이 닿지 않는 곳곳에서 남은 자는

햇빛 쏟아지는 아침을 서러워하겠지

캄캄한 벽으로 둘러싸인 허공에서
한 마리 병든 물고기로 유영한다

애도의 방식

나는 남편과 3년 살고 아이를 안고 미국으로 날아갔다. 그는 기러기 아빠로 살다가 암의 공격을 받아 이방인처럼 죽었다.

제단 중앙에 먼 길을 응시하는 옆모습 사진이 놓인다. 그 앞에 아들 애인이 보내온 조화를 놓고 평생 그린 책을 산처럼 쌓는다. 보라, 분홍, 흰, 하늘색 수국이 커다란 화병에 꽂혀 제단 양옆에 세워진다. 눈이 퉁퉁 부은 그의 친구가 같이 마셨던 와인을 놓는다.

홀 안쪽 TV 대형 화면에 가족의 순간을 찍은 사진이 돌아가고 거기에 젊은 그와 나, 아들이 웃고 있다. 아들이 그를 업어 태운 휠체어 옆에서 함께 노을(다시 볼 수 없는)을 바라본 사진도 있다. 내가 살아갈 동안 지독하게 그리울 순간이다.

흰 한복을 입은 그의 깃털을 하염없이 빗질해서 관 바닥에 색색의 수국꽃을 깔고 긴 다리를 가지런히 해서 눕힌다. 발부리에 키스하는데 벌떡 일어나 날갯짓을 할 거 같다. 관 뚜껑에 아들은 영어로 '아빠 사랑해요'라고 쓰고, 나는 '당신은 멋있는 사람이야'라고 쓴다.

병원을 나와서 같이 살자고 하더니 유언도 없이 날아가 버렸다. 분명히 곁에 누워 있었는데 그가 없다. 문을 박차고 나가보니 달이 내려다본다. 음악을 들으며 기타 치던 모습을 떠올린다. 유골이 담긴 옥*함을 서럽게 품는다.

*유골보석

바다멍

수평선을 멍하니 바라보고 있다
파도가 바람소리를 내고 있지만
그녀는 아무것도 듣지 못한다
듣지 못하니 실감이 없어
그저 멍 때리기 할 뿐이다

일몰 직전으로 가는 시간
노을이 내려와 일렁인다
그녀의 가슴에도 노을 길이 생기는데
바다는 수화를 모른다

현장에서 일하던 남편을 보내고
기일이 되면 노을을 바라보는 그녀
죽은 남편이 마지막으로
바다에 남긴 메시지를 듣고 싶은데
바다는 속내를 보여 주지 않는다

지워지지 않는 자국이 가슴에 멍으로 남아서
남편에 대한 마음을 노을에 태워 하늘로 올려 보낸다
야속한 노을은 오래 머물지 않는다
내일이 또다시 오겠지

남편의 시체가 발견되지 않았으니
그녀에게는 365일이 기일이다

배웅

젖은 빨래를 지고 만월산에 오른다

너럭바위에 앉아 그를 보내지 못하고 있다
마지막이라고 느꼈을 순간을 바라본다
하늘 구름 해 달 바람의 느낌을 어디에 두었을까
평생 놓을 줄 몰랐던 일은 어찌했는지…
보이지 않는 곳을 바라보는데 구름이 낮게 내려온다

바람이 떡갈나무 나뭇가지를 잡고 마구 흔든다
푸른 잎사귀 하나 무릎에 떨어진다
바위 밑에서 흰민들레가 올려다본다
산비둘기 울음소리가 머리를 땋아서
꽃대궁을 올렸는지 맑은 얼굴이다
손끝으로 민들레꽃의 볼을 쓸어본다

허둥대는 그리움을 적어 그에게 올려 보낸다

산비둘기가 제 울음을 안고 날아가고
아침보다 저녁이 쓸쓸하다는 것을 알아차린다

망부석

바람 부는 언덕에서
하늘 끝을 바라보고 계셨지요
행여 뒤돌아보실 것 같아
배웅조차 못하고
그저 그렇게 서 있습니다

남은 자의 아침이 찾아오고
또 저녁이 옵니다
이 길을 오고 갔을 그 어느날처럼
사람들은 오늘도 이 길을 걸어
집으로 돌아가고
길 위의 나뭇잎들 발자국처럼 남았습니다

후회로 바라보는 일
열매의 삶이기를 바랐으나
허공인 편협의 삶
정녕 못다 한 생의 끝을 바라봅니다

결핍

1950년 1월
당신 없는 세상 속으로
동생의 손을 잡고 길을 떠납니다

무심코 바라본 하늘에
저녁노을이 일렁였습니다

노을을 품고 가는 기러기 가족
가슴에 박힙니다
생이 생을 존재케 하겠지만
가슴에는 언제나 돌이 고여 있습니다

간절함 그리고 또 간절함으로
사모곡이 되돌아옵니다

저녁 하늘을 바라보고 있습니다
시 한 편을 걸어 놓습니다

4부

蓮花圖
—관곡지*

수십만 평 화폭에 연향蓮香 그득하다

여백에는
젖은 어깨를 말리며 수런대는 바람의 식솔들이
허공 한 귀퉁이에 걸려 있는 무당거미의 투명 수틀이
꽃술에 면벽하고 향香에 든 꿀벌의 아스라한 입적入寂까지
들어 있다

눈을 감고 모든 감각과 상상을 열면 더 많은 것들이 감지
된다

세상 온갖 소리와 신이 손대지 않은 슬픔과
뜨겁게 세운 관다발에서 흘러나오는 깊은 거문고 소리가
마음에 와 맺힌다

당악무의 전설이 된 전당홍의 하늘향연이
우주의 기척을 모두 끌어와 나를 감싼다

*조선 전기의 문신이자 농학자였던 강희맹이 명나라에서 연꽃씨를 가져와 이곳에 심어 퍼지자 이 지역을 '연성'이라 불렀다.

7번 국도

너는 언제나 나를 데리고 집으로 돌아왔지
올 때마다 '학습된 길로 가겠습니다'라고 말했어

낯선 길을 갈 때도 동행을 서슴지 않았어
새벽길을 떠나 7번 국도를 한바탕 달렸지
마음의 빗장을 풀어놓으며 갈길을 전부 맡기고
목적지에 도착해서 일출을 바라보고 있는데
너의 눈에는 빛이 나고 내 눈에는 눈물이 났어
3년 전에 그와 같이 왔을 때였지
우리가 떠드는 바람에 너는 정신이 없었을 거야
그가 노래를 잘 불러서 나는 좋았어

내가 병원에 오래 있는 동안 갑갑증에 걸렸을까
지하 주차장에서 방전되고 심장이 멈춰버렸어
고치는 비용이 더 든다고 했을 때
20만 km를 달려온 너와 나의 시간이 무너지는 듯했어

아그네스 발차의 '기차는 8시에 떠나네'를 들으며 바닷가에 서 있어
  7번 국도는 여전히 너와 함께한 시간을 내밀고 있어

어우렁그네

　심중深重에 닿으려고 어우렁그네* 위에 서 있다

　난간을 힘껏 밀어 너와 함께 날아오른다
　너는 눈빛을 하늘 끝에 두었다가 무작정 뛰어내린다
　뛰어내린 너의 생각이 허공에 매달린다
　그 생각을 다시 만나기 위해 그네가 앞뒤로 끝없이 움직인다

　네가 내 뒤쪽을 바라보면 그네는 동쪽 하늘에서 몇 초 동안 멈춘다
　내가 너의 세상을 바라보면 그네는 서쪽 하늘에 섰다가 내려온다

　나의 등 뒤에서 새소리가 난다
　나는 새를 볼 수 없는데, 너는 새를 보며 웃는다
　나는 너의 웃음을 통해 새를 사랑한다
　너의 등 뒤에 노을이 깔린다
　너는 노을을 볼 수 없는데 또 웃는다
　나의 붉은 얼굴을 통해 저녁놀이 펼쳐진다

　공중에선 너와 나만의 율법이 필요하다

율법이 펼쳐진다
무중력의 생각이 오고 간다

너의 맑은 웃음으로
발과 발이 나란히 선다
세계를 발돋움한다

우리가 만든 세계를 향해
내려온 햇살과 달려온 바람이
마음껏 함께 웃는다

*하나의 그네에 두 사람이 마주 올라서서 뛰는 그네.

말

안방 문이 열리면 말들의 질주가 시작된다
앞발을 들고 포효하며 튀어나온다

이빨을 드러내며 고삐를 잡을 수 없게 하는 말
꼬리를 추켜올리며 감정을 들이대는 말의 말
길들일 수 없는 야성을 품고 사냥감을 찾는다

나에게 달려온 말의 주인은 아버지인데
억센 근육을 드러내며 나를 꽉 문다
몸은 늙어도 말은 늙지 않는다

아버지, 아버지가 던진 말이 내 심장에 말뚝을 박고 뱅뱅 돌기만 해요
  짓밟힌 자리마다 눈물이 고여 있어요

주어도 없는 말로 소리친다
말은 달리고 또 달린다
말이 말에게 물어본다
진짜 말하는 게 무어냐고
말이 말하는 방식이냐고
살아 있기나 하는 거냐고

귀를 닫는다
말들을 가둔다

갇힌 말의 안부를 묻듯
아버지가 했던 말을 반복한다

시부詩賦

그는 바다에 사는 고독한 어부다

출렁이는 배 위에 해가 뜨고 해가 진다

어부로 사는 것은 날마다 바다에 주문을 던지는 일이다

주문이 밑밥처럼 풀린다

일기예보가 나빠도 그물을 던진다

육감을 고집한다

그의 직감은 그물보다 촘촘하다

그물을 걷어 올리면 직감은 팔닥거리는 고기가 된다

그런 그가 오늘은 비내리는 부둣가에 앉아 망중한을 보내고 있다

시어를 낚고 있다

한번도 배운적 없는 그가 쓴 시는 생물이다

잘 쓰는 것이 아니라 하고 있다는 것만으로 그는 시인이다

개밥바라기가 뜰 때까지 앉아 있다

풍어豊語를 잔뜩 안고 집으로 온다

무無를 쓰다

1.
멀리 바다가 보이는 철마산 정자에 앉아 있다

큰길을 지나는 자동차 소리가 웅웅 거릴 뿐
사람들의 발소리조차 없는 적막이 나를 감싼다

싱싱한 적막
오랜만이다
보이지 않던 나의 마음이 비로소 보인다
쓸쓸함 같기도 하고 그리움 같기도 한데 움직임이 없다
왜 나는 내 몸속을 그의 거처로 만들었을까
그를 가슴에 가두고 왜 난 칠십 년을 살았을까
질문이 불쑥불쑥 다가온다

2.
적막 위에 글을 쓴다
심상이 손끝에서 활자들로 쏟아져 나와
나의 기분이 새겨지는 순간, 백지는 고통을 감내한다

"죽은 당신 내 속 터지는 소리 한번 들어 보소. 이 나이 먹고도 이렇게 보고 싶어 죽겠으니 어쩌자는 거요. 이젠 미

워할 거요. 당신은 젊고 나는 늙어만 가니 다시 만나면 알아나 보겠소!"

   이번에도 차마 기록하지 못한다
   해서는 안될 사랑도, 말 못 할 한이 서려 있는 것도 아닌데
   가슴속을 파헤치지 못한다
   밖으로 꺼내는 순간 변색 될까 봐
   끝까지 나 혼자만…

   백지에 쓴 적막을 지워버린다

경계

시에서 시로 출근한다

책상에는 온종일 바라보는 컴퓨터가 있는데
한 번의 실수도 용납하지 않고 입력해 준 결과만 내놓는다

사람과 사람 사이가 멀어지고
사람의 지능을 닮아가는 컴퓨터만 내 앞에 있다

시가 되는 것과 되지 않는 것 사이를 서성인다
썼다 지우기를 반복하며 오전과 오후를 보낸다

컴퓨터 앞에서 밥을 먹고
바깥을 끈다

나는 풀밭을 밟으며 걸어가는 것이 좋은데…
라고 쓰면서 실물이 되지 못한다

어쩌면 나는
중독이나 집착이란 걸 알면서도
시 핑계를 대고 있는 지도 모른다

시가 있기에 컴퓨터가 있는 걸까
컴퓨터가 있기에 시가 탄생하는 걸까

난 애써 경계를 지우려고 하지만
어느새 내 손가락은 키보드를 두드린다

아코르

우리나라에 '새소리학교'가 있는데 새들은 살지 않는다

학교에서는 영음찰리詠吟察理*를 몸으로 익힌다

입이나 손가락으로 음을 창조하고 영혼으로 합창을 부른다

소리 하나하나가 융합해서 영혼을 울리는 합창이 되는 때까지 한다

오랫동안의 연습이 목을 트이게 하고 소리가 둥그렇게 모여 경지에 이른다

사람들은 영혼의 소리를 듣고 비로소 전율한다

새소리학교 학생들이 모여 병문안을 간다

입과 손이 만나 펼치는 하모니

환우들은 눈물을 짓고 자신 안에 숨겨진 따뜻한 둥지를 발견한다

미소 짓는다

강당 안에는 우는 새들로 가득 찬다

* 소리를 듣고 그 이치를 살피니 조그마한 일이라도 주의하여야 함.

망막고유광*

눈 내리는 밤, 버스정거장에서 만났지

기다림은
느리게 걷던 밤의 걸음을 멈추게 했지
오들오들 떨고 있는 짐승 하나
너를 상생이라 이름 붙인 후 방안에 들였지
그 순간 나와 함께 지내던 고독이 달아났어

좁은 원룸에서 먹고, 자고, 뒹구는 동안 너는 무럭무럭 자랐어 내가 출근하면 홀로 남아 밥을 전투적으로 먹거나 면벽하고 있지 벽에 대고 자신만의 언어로 중얼거렸어 너의 언어는 넓고 깊어서 빈곤을 앓고 있는 나와 다른 화법을 가지고 있었지

상생은 점점 힘이 세지고 나에겐 겸손이 자랐어
부끄러움과 반성도 함께 자랐어
그럼에도 나는 고독을 들이지 않았지

처음 만날 때만큼 즐겁지 않아
너의 세계로 다시 돌아가 줄래
말하는 순간 상생은 사라졌지

텅 빈 방안 예전처럼 앉아 있었어
몸집이 더 큰 고독이 찾아왔지만
끝내 문을 열어 주지 않았어

*전혀 빛이 없는 곳에서도 어떤 종류의 빛이나 형상을 느끼는 감각.

큐아르코드

조카 결혼식에 가는데 암호가 따라온다
딸이 보내준 차 패스코드를 고속버스 기기에 대고 올라간다
표를 내는 사람은 없다
기사가 전광판에 쓰여 있는 빈자리를 확인한다
기사는 코드를 싣고 고속도로를 달린다

편리하다
빠르다
다툼이 없다
각자 자리에 앉는다
인사가 없다
손에서 손으로 건네주는 건
구식이다
아날로그다

사람 냄새가 나지 않아도 사람들은 여전히 사람일까
문득 궁금해졌다

먼지

너는 없지만 아무 데나 있다
햇살 내려앉은 방바닥에서 너는 숨을 쉰다

세상에는 모든 너희들로 존재한다
꽃이 아니고
바위도 아니고
하늘도 아니지만
아니라고 하는 것에 분명 너는 있다
너를 닮은 나는 있지만 없다
존재에서 존재감으로 바뀌면 내가 자꾸 사라진다

먼지가 어느 틈에 내 심연에 앉아 있다
먼지 같은 사람이 먼지를 품은 것 같다
나는 꽃도 아니고
바위도 아니고
하늘도 아닌데
그 어떤 것도 아닌 내가 되어
끝내 흩어지고 말 거다

대학로

완연한 봄날 공연을 보려고 대학로에 왔다
수많은 족적들로 길바닥이 시끄러워진다

대학생보다 대학생 아닌 사람들이 많다
나이 든 이들은 스스로 어색함을 감추고
그들 속에서 그들의 언어로 인기척을 낸다

낮의 표정보다 밤의 표정이 발랄하다
비보잉하는 이들이 모자를 벗어던지며
젊음으로 스크럼을 짠다

인디 음악의 노래를 따라 부른다
그들의 노랫말이 외국어처럼 들리지만
모두의 표정은 대낮처럼 밝다

거리에 쏟아지는 말과 노래와 웃음 속에서
그들은 듣고 싶어 하는 것만 듣는지
비명이 허공을 뚫는다

낮의 언어보다 밤의 언어가 거칠다
경찰들의 눈동자는 빛이 나고

소리들이 거리를 질주한다

나는 젊은 날을 소환하려고 애쓴다
젊은 공간을 찾아다닌다
그런데 벚나무는 꽃잎을 흩날리며 봄을 쉽게 지운다

내일 또 내일

어릴 적,
너는 감을 진홍이라 하고
나는 주황이라 우겼어
고추를 놓고도 말다툼을 했지

적색약인 걸 모르고
생각하는 방법이 다르다고 우겼지

너와 나 사이에 엉겅퀴가 자랐어
엉겅퀴는 가슴을 찔러댔어
뿌리가 깊이 박혀 더는 못 참겠다고
너는 너의 세계로 가버렸어

너 없이 긴 세월이 지났어
사람들은 나를 보고 웃지 않는 사람이라고 했지
지금은 2020년인데
코로나가 몸을 바꿔가며 사람을 공격했어
저항력이 없는 사람들을 쓰러트렸어
감이나 고추가 중요하지 않았어
고통 속에서 인생의 전부를 살아보게 된 거지

돌아와, 순간이 영원일 수 있게…

주황이 얼마나 예쁜지 말해 줄게
이해와 오해는 모음과 모음 사이일 뿐이야

너를 다시 만난다면
어제는 오늘 속에 도착하고
내일은 오늘이 되겠지

올해도 감이 탐스럽게 익어 가고 있어

불편한 동거

73살 엄마와 70살 딸이 동거를 한다

아버지 떠나고 갈 곳이 없다는 새엄마와 함께
의지가 의지에 기대어 모녀처럼 살아보기로 했다
세 살 위가 무슨 엄마냐는 부정은 오래갔으나 인정은 쉬웠다
엄마로 살아 보는 것
딸로 살아 보는 것
둘 다 한이 있으니
나는 생전 안 해본 걸 해보려고 무작정을 끌어안았다

영자 씨, 오늘 날씨는 어떻수!
해순 씨, 낮잠은 다 잔거유!
영자 씨, 점심밥은 먹었수!
해순 씨, 같이 먹어봅시다!
호칭도 정답다
옆에서 보는 사람만 어색해서 고개를 돌린다

혼자 사는 외로움 보다야 낫겠지
새엄마도 딸도 청상이어서
동반자가 되었다

봄볕 쏟아지는 날, 앞서거니 뒤서거니 꽃구경을 갔다
튤립이 영자 씨 닮아 예쁘다고 한다
해바라기는 해순 씨 보다 덜 예쁘다고도 했다
꽃길을 걸어오던 아이가 아이 엄마에게 업어달라고 조르는 걸 보며
두 사람도 민화투를 치며 다툰 얘기를 한다

겨울로 가는 끝을 잡고 시름시름 앓던 새엄마가 갔다
처음으로 엄마라고 부르며 엉엉 울었다

율도

경비원이 체크인 기기로 문을 열어준다

파이프가 늘어선 길을 따라 탱크들이 줄 서있다
유조선 부두에 서서 너른 해원을 바라본다
섬들은 해무에 몸 담그고 무슨 궁리를 하는 중일까
바다 양쪽으로 늘어선 대교가 징검다리처럼 보인다

부두에는 유조선에서 검은 액체를 뽑아 올리고 있다

밀림으로 지층을 이뤘던 지구 깊은 곳으로부터
이국의 원유 탱크에 담긴 유전流轉에서
맹수들의 포효咆哮가 가스 발사대로 뿜어 올려진다

우리는 땅속에서 원유를 끊임없이 퍼내고
수백 년을 기약한다
더 많은 양을 요구한다

그래서일까 원유 없인 문화인이 되지 못한다
원유의 노예가 됐는 데도 감지하지 못한다

기상이변이 지구를 자주 삼킨다

이 일이 언제 끝날 지 모르는데
거리에는 차들이 넘쳐난다

해설

'정동情動'을 박제하는 시간

고광식(시인 · 문학평론가)

1. 박제

실존주의는 "실존은 항상 특수하고 개별적이다"라고 말한다. 이는 개별적 주체가 겪은 희로애락이 다르기 때문이다. 삶은 희로애락을 밟고 가는 지난한 길이다. 힘겹게 밟고 온 지나간 기억이 박제되어 현재의 '나'를 만든다. 따라서 현재의 주체가 정동을 느낄 때 정신과 몸은 하나가 되어 과거의 시간과 대면하게 된다.

임경자 시인은 특수하고 개별적인 시간을 "대문 앞에 자전거가 박제되어 있다"(「낡은 자전거」)라며 진술하기도 하고, 그 순간의 희로애락을 움켜쥐기도 한다. 시적 화자는 이처럼 자전거에 자신의 감정을 투사하는 중이다. 자신의 의도와는 상관없이 세상에 던져진 주체나 버림받은 채 녹스는 자전거가 동일하다는 인식이다. 세상에 던져졌다는 것은 배후 없이 파편화되었다는 뜻이다. 그러므로 삶은 고립

되어 기쁨과 즐거움보다는 슬픔과 노여움이 앞선다. 파편화된 삶은 "1950년 1월/ 당신 없는 세상 속으로/ 동생의 손을 잡고 길을 떠납니다"(「결핍」)처럼 저녁 하늘만 바라볼 수밖에 없는 고립을 만든다. 그래서 시적 화자는 '자아'의 실존을 위해 희로애락을 박제화한다. 이것은 주체가 존재한다는 선언이며 고립된 삶의 증명이다. 화자는 현실적 생존방식을 찾기 위해 무한한 자기 초극의 노력을 보여준다. 이런 노력의 결과 시적 화자는 근원적 진리를 향해 나아간다.

> 연무가 내려와 지상을 덧칠한다
> 갑자기 생겨난 나만의 여백
>
> 드넓은 여백 속으로 상상을 펼친다
>
> 제약회사를 짓는다
> 이곳에선 웃음을 생산한다
>
> ―「여백미餘白美」 전문

시적 화자는 "연무가 내려와 지상을 덧칠한다"고 생각한다. 단순히 생각만 하는 게 아니라 적극적으로 현존재의 실존을 깊이 들여다본다. 그러자 불행하게 세상에 던져져 상처투성이인 화자에게도 "나만의 여백"이 생겨난다. 불확실하고 잔혹한 주체의 삶을 연무는 한순간 깨끗하게 지우고 순백의 백지로 만든다. 화자는 파편화된 현실을 딛고 "제약회사를 짓는" 상상을 펼친다. 화자에게 현실은 두려움이 가득한 공간이다. 주위를 둘러보아도 화자의 불안감을 다독여 줄 사람이 없다. 화자는 연무의 힘을 빌려 상상 속 새로운 세상에 발을 딛는다. 잔혹한 현실이 연무에 가려지자 드넓은 여백이 펼쳐진다. 이제 연무 속 세상은 고통이 없다. 이 때문에 지금 여기가 새로운 가능성이 빛을 발하는 곳으로 변한다. 이윽고 화자는 상처로 가득한 현실의 소멸을 목격한다. 그리고 자신을 압박하는 현실을 극복하는 초인이 된다. 드디어 화자는 삶의 의미를 스스로 만들기 위해 제약회사에서 "웃음을 생산"하기 시작한다. 웃음은 '나'의 불행을 치환하는 역할을 한다. 화자의 간절한 생각이 새로운 삶의 본질을 만드는 기제로 움직인다.

임경자 시인은 고립된 삶의 불행과 고통이 정동으로 나타날 때 그 순간을 포착하여 박제화한다. 정동을 박제하는 시간은 삶을 새로운 방식으로 생각해 보는 순간이다. 인간의 삶은 고정되어 있지 않다. 세상에 던져진 삶이지만, 자신의 의지로 웃음을 생산해 바꿀 수 있기 때문이다. 시인은 불현듯 나타나는 정동, 즉 박제된 희로애락을 언어의 집에 가둬놓고 직면하는 대자적 자세를 취한다.

2. 상흔

 삶이 축복이라는 생각은 수정되어야 한다. 누군가는 불확실하고 잔혹한 세계에 깊은 상흔을 안고 대책 없이 던져진 존재일 수 있다. 루소의 개념을 빌려 말하면, 자연적 불평등을 안고 태어난 사람은 스스로 삶의 의미를 찾아야 한다. 불평등은 상처와 결핍을 낳기 때문에 더 큰 고통을 수반한다. 그런 이유로 자신의 삶을 자책하고 미래를 포기할 수 있다. 결핍된 존재일수록 삶을 새로운 방식으로 바라보는 시각이 필요하다. 스스로 상흔을 딛고 일어서는 행동이 '나'를 찾는 길이다. 자칫 니힐리즘에 빠져 자신의 존재를 부정하는 태도가 나타나면 안 된다. 현실적 상처가 자신의 본질을 지우는 것을 경계해야 한다. 니체가 기존의 가치를 부정한 후 새로운 삶의 의미를 찾아야 한다고 주장했듯이 불평등이라는 상흔을 부정한 후 새로운 삶의 방식을 찾아야 한다. 주체가 안고 있는 상흔은 존재의 본질을 탐구하는 가치가 될 수 있다. 상흔은 주체가 떠안은 삶의 과제이며 새로운 삶을 만들어 가는 질료이다. 따라서 자신의 불행을 딛고 자유를 구가하는 것이 최선의 삶이다.

 삶의 주체는 불행 속에서도 빛을 발할 수 있다. 지워지지 않는 상흔은 정동으로 솟구치는 감정을 드러낸다. 이 때문에 자신의 미래를 궁구하는 존재가 된다. 고립되고 파편화된 주체가 피투 된 자신을 들여다보기 시작한다.

    나는 나무가 되었어요 나무가 되어서 말을 못 하는지, 말을 못 해서 나무가 되었는지 모르겠어요 그냥 나무로서 있는 것이 익숙해져요 말을 하지 않는다고 샌드백을 치듯 그가 내 아랫도리에 발길질을 해요 자신이 회사에 갔다 와서 쏟아 놓는 말을 못 알아듣는다고 나무 취급을 해요 나는 어처구니가 없어 나무처럼 침묵할 뿐이죠 어느새 나는 멍든 나무가 되었어요

—「어처구니」 부분

  시선이 화면에 고정되고 매트 밖으로 나올 수 없다
  날로 씹던 생라면도 떨어지고 생이 껌벅거린다
  매트 위에 드러누워 하늘을 바라본다
  눈물이 귓속으로 들어간다
  이 시간 가장 보고 싶은 사람은 어머니
  때마다 아들 밥을 지어놓고 식은 밥만 드시는 어머니
  쌀밥이 목숨이라고 신앙처럼 믿는 어머니
  아들 자랑 아니면 할 얘기 없는 내 어머니
  마지막을 생각하며 휴대폰을 켠다

  왜 이리 힘이 없는 겨, 밥은 꼭 챙겨 묵그라 잉
  잘 챙겨 먹고 있어요, 추석에 내려갈게요

휴대폰이 저절로 꺼진다

또 거짓말을 하고 있는 자신을 내려본다

시간이 흐르고 어둠이 두어 번 다녀간다

죽음이 두더지처럼 들끓는다

—「트램펄린」 부분

「어처구니」의 시적 화자는 "나는 나무가 되었어요"라고 진술하며 기가 막힐 정도로 참담한 감정을 느낀다. 그리고 삶보다 먼저 와있는 불행 앞에 화자는 "나무가 되어서 말을 못 하는지, 말을 못 해서 나무가 되었는지 모르겠어요"라며 세계를 부정하기 시작한다. '나'의 불행을 인지하자 니힐리즘의 노랫소리가 들려온다. 그 지점에서 세계를 바라보는 화자가 식물성을 동경한다. 더는 삶의 주체로서 불행을 대면하기 싫은 방어기제가 나타난 것이다. 하지만, 화자에게 가해지는 압박은 "말을 하지 않는다고 샌드백을 치듯" "아랫도리에 발길질을" 하는 그의 행동이다. 화자의 피투 된 삶에서 식물성의 세계에 도달해도 불행은 심연까지 따라와 본래적 자기 주체성을 무너뜨린다. 철저하게 세계의 주변에 자신을 은폐하고 숨죽이고 있어도 불행의 포로가 되어 벗어날 수 없다. 비참하고 황폐한 삶을 견디는 화자에게 몸은 "멍든 나무가" 되어 실존적 불행을 만든다. 화자는 어처구니가 없는 삶을 딛고 자기 초월의 결단을 꿈꾸고 있다.

「트램펄린」의 시적 화자는 매트 위에 누워있다. 화자는 세상에 던져진 자신의 불행을 응시하다가 리플리 증후군에 걸려 직장을 그만둔다. 신분 상승 욕구는 거짓말을 낳는다. 실업자가 되어 낭만주의자처럼 트램펄린의 역동적 행위를 동경한다. 동경은 이곳이 아닌 저곳을 꿈꾸게 한다. 트램펄린은 화자가 의도한 대로 끊임없이 허공으로 솟구친다. 이 기구가 현재의 불행한 삶에서 행복한 삶으로 신분 이동을 해 줄 것만 같다. 화자는 매트 위에 누워 "나는 누구인가"를 줄기차게 묻는다. 그러자 이 시간 "가장 보고 싶은 사람은 어머니"라는 사실을 깨닫는다. 세상에 던져진 화자의 불행이 어머니의 부재였다는 인식은 가슴속에 내재한 슬픔을 자극한다. 갑자기 솟구치는 슬픔이 "왜 이리 힘이 없는겨, 밥은 꼭 챙겨 묵그라 잉"처럼 어머니의 환청을 듣게 한다. 화자에게 나타나는 리플리 증후군은 결핍을 채우기 위한 기제이다. 이렇게 화자는 스스로 지어낸 거짓말로 자신의 현실을 부정한다. 위 시에선 거짓말을 사실대로 믿어버리는 시간이 무한 반복되고 있다.

어머니 인생이 베틀 위에서 지나갔다. 동생을 업고 새우는 밤에 나는 모로 누워 잤다. 아버지가 노름판에 남은 텃밭마저 들고 나갔다. 아버지를 기다리던 어머니는 잡

앉던 북을 냅다 던졌다. 북은 꼬리줄에 끌려 날줄 사이로 돌아왔다. 줄을 끊어 버리고 싶었으나, 자식들 얼굴이 떠올랐다. 한숨지으며 베틀에 앉아, 무명의 질긴 줄을 끝없이 밀어 넣어야 했다.

어느 날 어머니가 (너는 동생 보고 있거라) 무언을 던지며 집을 나섰다. 우물 쪽으로 가고 있는 어머니 그림자를 밟으며 먼발치에서 따라갔다. 그때 우물 뒤편에서 어머니의 통곡 소리가 났다. 그 울음은 어린 내 가슴을 덜컥 내려앉게 하였다. 업은 동생을 추켜 올리고 손톱을 뜯으며 눈물을 참고 있었다. 어머니가 긴 숨을 내뱉고, 앞치마로 얼굴을 훔치며 일어설 때까지 기다렸다. 어머니와 나는 밭둑길을 땅만 보며 걸었다.

어른이 된 동생을 바라보면, 먼 밤에서 덜거덕거리는 베틀 소리가 난다. 어린 내가 떨리는 손으로 어머니 치맛자락을 잡는다.

─「상흔」 전문

"어머니 인생이 베틀 위에서 지나갔다"는 화자의 말처럼 가로세로로 실을 짜내는 베틀은 어머니의 삶이다. 단순한 삶이 아닌 인고의 나날이어서 화자를 아프게 한다. 불행한 삶을 좀 더 나은 상황으로 만들기 위해 짜내는 실은 현실에 직면한 생존방식이다. 던져진 자아보다 불행이 먼저 왔으므로 어머니는 운명 앞에 진실해지고 싶었을 것이다. 어머니는 현실의 불행 앞에 무기력하지 않았다. 선택의 자유가 있음을 자각하고 베틀 앞에서 삶을 자신이 원하는 방향으로 만들고 있었다. 하지만, 남편이 "노름판에 남은 텃밭마저" 잃었을 때, 자기 앞의 불행이 불가항력임을 인식한다. 스스로 노력하면 극복할 수 있다고 생각했던 믿음이 얼마나 허약한 것인가를 깨닫는다. 세상에 피투 된 주체는 그나마 선택지가 있어서 조금은 자유롭다. 이런 이유로 어머니는 불행의 초극을 선택했지만, 그의 남편은 가족의 삶을 무너뜨리는 노름을 선택했다. 화자가 우물 뒤편에서 들었던 "어머니의 통곡 소리"는 지금도 정동의 슬픔을 자극하며 들려오고 있다. 어머니가 밤새워 짰던 삶의 베틀 소리가 상흔을 깊게 남긴다.

누군가는 루소가 불평등 기원론에서 밝힌 것처럼 자연적 불평등을 안고 태어난다. 그리고 또 누군가는 타고난 불행을 극복할 사이도 없이 사회적 불평등의 엄습으로 절망한다. 세상의 모든 불평등은 상흔을 남긴다.

3. 각성

주체에게 주어진 삶에 희망이 없어 불행하다고 느낄 때 각성이 일어난다. 앞날이 어두울수록 스스로 선택의 자유를 통해 미래를 만들어 가야 한다. 세계 속에 소외된 자신이 보였다면 즉시 주체적 존재성을 찾기 위한 노력이 필요하다. 불행하게 던져진 주체의 삶에 희망이라는 낙관이 없다는 사실만으로 절망해선 안 된다. 그리고 정동에 주체가 반응을 보이는 심리적 상태가 지속돼야 한다. 삶의 주체는 늘 각성 상태를 유지하기 위해 노력할 필요가 있다. 그래야 불행이 주체에게 부정적 영향을 미치더라도 각성 상태에서 올바른 선택지를 들 수 있다. 자유로운 주체는 각성 상태에서 조금 더 앞으로 나아갈 수 있다. 자기 삶의 주인이 되는 것은 중요하다. 현실적 불행에도 불구하고 자유와 초월의 상태에 도달하는 것은 현실적 의미의 유토피아이다. 피투된 주체는 각성으로 거듭 태어나야 한다.

  아무렇게나 던져진 삶은 불안하다. 하지만, 동시에 불안을 극복할 힘을 준다. 우리는 삶의 부조리를 깊게 들여다보고 능동적으로 나아가야 할 주체적 존재이다.

    젖은 어깨를 말리며 수런대는 바람의 식솔들이
    허공 한 귀퉁이에 걸려 있는 무당거미의 투명 수틀이
    꽃술에 면벽하고 향香에든 꿀벌의 아스라한 입적入寂까
  지 들어 있다

    눈을 감고 모든 감각과 상상을 열면 더 많은 것들이 감

지된다

   세상 온갖 소리와 신이 손대지 않은 슬픔과
   뜨겁게 세운 관다발에서 흘러나오는 깊은 거문고 소리
가 마음에 와 맺힌다
—「蓮花圖—관곡지」 부분

   난간을 힘껏 밀어 너와 함께 날아오른다
   너는 눈빛을 하늘 끝에 두었다가 무작정 뛰어내린다
   뛰어내린 너의 생각이 허공에 매달린다
   그 생각을 다시 만나기 위해 그네가 앞뒤로 끝없이 움
직인다

   네가 내 뒤쪽을 바라보면 그네는 동쪽 하늘에서 몇 초
동안 멈춘다
   내가 너의 세상을 바라보면 그네는 서쪽 하늘에 섰다
가 내려온다

   나의 등 뒤에서 새소리가 난다
   나는 새를 볼 수 없는데, 너는 새를 보며 웃는다
   나는 너의 웃음을 통해 새를 사랑한다
   너의 등 뒤에 노을이 깔린다

너는 노을을 볼 수 없는데 또 웃는다

나의 붉은 얼굴을 통해 저녁놀이 펼쳐진다

공중에선 너와 나만의 율법이 필요하다

율법이 펼쳐진다

무중력의 생각이 오고 간다

―「어우렁그네」부분

「蓮花圖-관곡지」의 시적 화자는 드넓은 연못에 연향이 그득한 것을 본다. 관곡지엔 뜨거운 햇볕을 받으며 붉거나 흰색의 꽃들이 만발해 있다. 더러운 진흙에 던져진 삶에도 불구하고 자신의 의지로 현재를 향기로 채운다. 화자는 그 윽한 연향을 맡으며 "바람의 식솔"들이 수런대는 소리를 듣고, "무당거미"가 허공의 한 귀퉁이에서 면벽하는 것을 본다. 화자가 본 무당거미나 바람은 세상에 던져진 삶을 부정하지 않는다. 있는 그대로를 인정하고 삶에의 의지로 자유를 얻은 존재들이다. 화자가 자신의 삶을 인식하고 깨닫자 "향香에든 꿀벌의 아스라한 입적入寂"이 눈에 들어온다. 꿀벌은 더러운 진흙의 세계를 선택해 스스로 삶을 입적으로 완성했다. 자연이 만드는 생과 사의 드라마에 숭고미가 느껴진다. 저마다의 몫으로 사는 존재들의 행위가 세계의 모습이다. 자신의 삶을 성찰하는 시간이 깊고 그윽하다. 화자가

"눈을 감고 모든 감각"을 열면, 온갖 사물이 속삭이는 소리가 들린다. 때로는 "신이 손대지 않은 슬픔"도 느낄 수 있다. 화자의 삶에 신의 은총이 미치지 못했다는 자각이다. 이처럼 모든 것이 어긋나 있는 자기 모습이 드러난다. 드디어 화자는 자신의 불행한 삶을 초극하는 순간을 맞이한다.

「어우렁그네」의 시적 화자는 깊고 무거운 자기 삶을 벗어나기 위해 몸부림친다. 어우렁그네는 두 사람이 마주 올라서서 뛰는 그네이다. 화자는 자기 삶의 그네에 소중한 사람과 함께 올라탔을 수도 아니면 자신의 불행과 마주 올라서 있을 수도 있다. 화자가 자신의 불행한 삶을 딛고 "난간을 힘껏 밀어 너와 함께" 오르자 푸른 하늘이 보인다. 높고 푸른 하늘을 자세히 본다. 푸른 하늘은 화자의 본향이다. 실체를 알 수 없는 본향에서의 삶이 다양한 생각으로 무늬져 다가온다. 생각을 허공에 두고 낙하하는 그네가 화자의 삶을 닮아 안쓰럽다. 지금 이곳의 불행이 "동쪽 하늘에서 몇 초 동안" 머물러 있다가, 다시 그네는 "서쪽 하늘에 섰다가" 내려오기를 반복한다. 이때 시적 화자는 단순히 생각하는 주체가 아니다. 비로소 자신의 삶을 주도적으로 느끼고 행동하는 새로운 주체로 거듭난다. 어우렁그네에 올라 등 뒤에서 나는 "새소리"를 들으며 화자는 자신의 삶이 행복도 불행도 아니란 생각을 한다. 그네를 타고 화자는 새의 노래와 붉게 깔린 저녁놀이 펼쳐지는 것을 본다. 분명 저것은 "율법"인 동시에 내가 딛고 일어설 도약판일 것이다.

    세한도를 품고 되돌아선다

    섬이 고립을 강요해도
    그는 고립을 뛰어넘어 불멸이 되었다

    아직도 그림 속에 살아있는 고도孤島

    거인도, 소나무도, 집도 되지 못한 내가
    그림 속 그림자 안에 갇힌다
                —「위리안치圍籬安置」 부분

  세한도를 아는가. 만약 세한도를 안다면 창문이 없는 한 채의 집이 풍기는 파편화와 고립을 이해할 수 있을 것이다. 창문이 없다는 것은 세상과의 단절을 의미한다. 한 채의 집을 중심으로 곧게 서 있는 몇 그루의 나무가 자신이 처한 불행을 초극하려는 의지이다. 한겨울인데도 시들지 않는 소나무의 의지가 읽힌다. 화자는 이렇게 불행을 자각하며 "세한도를 품고" 되돌아서다가 "고립을 뛰어넘어 불멸"을 꿈꾼다. 불행을 인식하는 지점에서 고립을 만났지만, 아직도 "그림 속에 살아있는 고도孤島"가 끝나지 않은 실존임을 깨닫는다. 화자는 세한도를 보며 나는 무엇이고, 주어진 운명은 무엇인가를 끊임없이 되묻는다. 이러한 질문의 끝에서 주체의 존재 방식에 대해 고민한다. 정의하기 어려운 부조리한 고립과 절망에 대해 고민하는 시간이 길어진다. 세한도는 여전히 창문이 없고 집 앞은 인적 없이 황량하기 때문이다. 꼿꼿한 소나무만이 창문 없는 집을 지키고 있다. 화자는 자신이 "거인도, 소나무도, 집도 되지" 못했다는 것을 깨닫는다. 세한도와 연결 지어 생각해 보니 "그림 속 그림자 안에" 갇힌 상태가 구체적으로 드러난다. 이제 화자가 해야 할 것은 '선택'이다.

각성을 통해 삶은 인식된다. '불행을 어떻게 극복할 것인가'는 '나는 무엇을 어떻게 해야 하는가'와 직결되는 문제이다. 삶의 주체는 시시각각으로 솟구치는 정동을 경험한다. 이때 자신이 안고 있는 삶의 문제가 풀어야 할 과제임을 안다. 그리고 다양한 선택지가 앞에 있는 것을 본다. 주체가 문제 해결을 위해 선택하는 것은 미래를 만드는 과정에 필수적이다.

4. 수용

주체가 불편함을 수용한다는 것은 희로애락의 정동을 자각하고 행동으로 옮긴다는 뜻이다. 문제를 해결하지 않으면 자기 감정으로 인해 파멸할 수 있다. 자연적 불평등을 안고 태어난 삶은 비선형적으로 작용하기 때문이다. 주체는 예측할 수 없는 날들이 오고 가는 과정에서 부정적 감정이 쌓여가는 것을 경험한다. 그러므로 현실에 처한 상황에 맞게 행동하지 않으면 카오스의 바다에서 헤매게 된다. 따라서 삶의 주인이 되려면 주체적이어야 한다. 자신에게 주어진 희로애락을 인지하고 그 특성에 맞게 행동하는 것이 중요하다. 자신의 삶을 성찰하는 자세가 정동을 촉발한다. 주어진 문제의 특성을 규명하면 합리적 사고를 할 수 있다. 주체는 슬픈 정동 상태에 빠진 자신을 발견한다. 그리고 자신에게 던져진 희로애락으로부터 도망치거나 거부하지 않는다. 주체에게 연민의 강도가 높아지면서 상생적 행동이 나타난다.

시적 화자는 허무주의에 빠지지도 삶을 부정하지도 않는다. 실존으로서 동거를 결심하며 운명을 수용한다. 이는 실존적 인간의 애증 가득한 선택이다.

73살 엄마와 70살 딸이 동거를 한다

아버지 떠나고 갈 곳이 없다는 새엄마와 함께
의지가 의지에 기대어 모녀처럼 살아보기로 했다

세 살 위가 무슨 엄마냐는 부정은 오래갔으나 인정은
쉬웠다
　　엄마로 살아 보는 것
　　딸로 살아 보는 것
　　둘 다 한이 있으니
　　나는 생전 안 해본 걸 해보려고 무작정을 끌어안았다
　　영자 씨, 오늘 날씨는 어떻수!
　　해순 씨, 낮잠은 다 잔거유!
　　영자 씨, 점심밥은 먹었수!
　　해순 씨, 같이 먹어봅시다!
　　호칭도 정답다
　　옆에서 보는 사람만 어색해서 고개를 돌린다
　　　　　　　　　　　　　―「불편한 동거」 부분

　시적 화자는 자신의 의지와는 관계없이 주어진 운명을 받아들인다. 어릴 적 어머니의 죽음은 결핍으로 슬픔의 정동을 자극했다. 새엄마는 화자 또래의 나이로 더욱 불편한 존재였다. 아버지가 세상을 떠난 후 화자는 "73살 엄마와 70살 딸이 동거를"하는 것으로 운명을 수용한다. 불편한 현실 속에 있으면서 그것을 수용하는 자세로 화자는 의연하게 존재한다. 화자는 "생전 안 해본 걸 해보려고 무작정을" 끌어안는다. 이처럼 화자는 자신의 불행을 특수성으로 놓고 인정하는 태도를 보인다. 이러한 화자의 선택은 자유의

지의 결과이며 불분명한 현재를 분명하게 만드는 행위이다. 따라서 화자의 시간은 "*영자 씨, 오늘 날씨는 어떻수!/ 해순 씨, 낮잠은 다 잔거유!*"처럼 새롭게 관계를 정립하며 흐른다. 시적 화자가 만드는 삶의 가치는 그의 결단과 상황에 대처하는 능력 때문에 긍정적으로 피어난다. 그리고 자신의 삶을 새롭게 발견하며 절망을 딛고 일어선다. 화자는 자신의 선택과 행동이 희망임을 증명한다. 따라서 자기 삶에 능동적으로 참여하고 수용하는 화자의 의지가 빛난다.

 임경자 시인은 삶이 결정된 것도 고정된 것도 아니라는 것을 안다. 피투 된 삶을 인식하고 희망을 열기 위해 끊임없이 자신을 미래로 기투한다. 시인이 정동으로 촉발되는 희로애락을 박제하는 이유도 던져진 삶을 극복하려는 의지 때문이다. 이런 행위는 자유를 전제하므로 주체적 인간의 탄생이라 부를 수 있다.

어우렁그네

초판 1쇄 인쇄일 | 2025년 3월 3일
지은이 | 임경자
펴낸이 | 김미아
펴낸곳 | 더푸른 출판사
편 집 | 하종기

출판 등록 2019년 2월 19일 제 2009-000006호
경기도 평택시 지제동삭3로11, 108동 802호

전화 | 031-616-7139
팩스 | 0504-361-5259
E-mail | dprcps@naver.com
홈페이지 | https://blog.naver.com/dprcps

ISBN | 979-11-989716-2-3

값 12,000원

* 지은이와 협의에 의해 인지는 생략합니다.
* 잘못된 책은 구입하신 곳에서 교환해 드립니다.